AF224286

APPEL

EN FAVEUR DU

PÈLERINAGE

DE

NOTRE-DAME DES GARDES

ANGERS

GERMAIN & G. GRASSIN, IMPRIMEURS-LIBRAIRES

de Mgr l'Évêque, du Grand-Séminaire et du Clergé

40, rue du Cornet et rue Saint-Laud

—

1897

LETTRE

DE

MONSEIGNEUR L'ÉVÊQUE D'ANGERS

L'état actuel de la chapelle du Pèlerinage de Notre-Dame des Gardes commande impérieusement la reprise des travaux interrompus, il y a plusieurs années. Je m'associe au vœu des populations si chrétiennes qui se sont accoutumées depuis des siècles à regarder la Très Sainte Vierge comme leur bienfaitrice et leur patronne, et son image comme leur sauvegarde.

Puissent les âmes catholiques se souvenir que Marie a toujours protégé notre pays et que ceux qui l'implorent ne l'ont jamais invoquée en vain !

L'appel à la piété de nos diocésains et de tous les dévots enfants de Marie sera, je l'espère, entendu.

Je bénis d'avance, du fond du cœur, tous ceux qui apporteront leur obole à la reconstruction de la chapelle de notre grand pèlerinage angevin.

† LOUIS, Évêque d'Angers.

Angers, le 3 mai 1897,

APPEL

EN FAVEUR DU

PÈLERINAGE

DE

NOTRE-DAME DES GARDES

I

Ce pèlerinage est le plus important de l'Anjou. Attaché à un Monastère de Religieuses Trappistines dans lequel les austérités de la Règle de Cîteaux sont pratiquées avec une admirable ferveur, il attire aux pieds de la Sainte Vierge Marie les pauvres et les simples, le clergé angevin et les anciennes familles dont l'histoire fut souvent mêlée à la sienne. Le grand souffle chrétien qui pousse les peuples de notre époque vers les sanctuaires célèbres s'est fait sentir ici ; les foules s'y succèdent, la fête de la Nativité de la Sainte Vierge y réunit toutes les paroisses environnantes, à tel point que Mgr Freppel, de glorieuse et chère mémoire, sollicita et obtint de la Cour de Rome la faveur de couronner solennellement la statue miraculeuse. Le 8 septembre de l'année 1875, entouré de quinze évêques ou abbés mitrés, venus de toutes les parties du monde, au milieu d'une multitude immense, il déposa sur son front un diadème enrichi de diamants et de pierreries, don collectif des pieux Angevins, béni à Rome par le Saint-Père.

Malgré cet éclat, l'église du pèlerinage est restée pauvre comme la Maison de Nazareth, n'ayant d'autre ornement que les petits cierges allumés au coin de l'autel. Pauvreté touchante, mais devenue si extrême, qu'elle oblige la Vierge de l'Anjou à se faire mendiante pour conjurer la ruine des voûtes près de tomber sur sa tête couronnée. Cette église, qui ne date que du commencement du siècle, fut mal construite et n'a pu résister à l'épreuve du temps : déjà le chœur des religieuses s'est effondré, la charpente pourrie se détache, les murs, entr'ouverts par des lézardes où gémit le vent et filtrent les eaux de la pluie, sont si délabrés qu'il est impossible de les réparer.

Ce triste état n'accuse pas les habitants des Gardes ni des villages voisins, qui aiment leur Madone comme une Mère. Les ouvriers tisseurs, qui composent toute cette population, gagnant un franc par jour en travaillant dix heures, peuvent-ils donc supporter les grosses dépenses d'une église à bâtir ? Ils offrent tout ce qu'ils peuvent donner : les ouvriers leurs bras comme manœuvres, les fermiers leurs voitures pour transporter les matériaux.

Nous demandons à l'Anjou catholique de leur venir en aide ; il ne peut voir sans remords s'avancer un désastre qui accuserait sa foi et peut-être notre négligence à solliciter son concours.

La Sainte Vierge, sa gardienne, lui tend les mains du haut de cette montagne d'où elle a béni ses ancêtres, fils héroïques de l'Église et de la France.

Écoutez, Angevins, cette noble histoire, riche de grâces obtenues et parsemée de miracles.

II

La Providence a préparé la colline des Gardes pour être le siège d'un pouvoir protecteur s'étendant à de longues distances. Son nom lui fut donné, dit-on, par Jules César [1], qui surveillait de ces hauteurs les peuplades cachées dans les forêts, vaincues mais impatientes de son joug, toujours prêtes à la révolte, et que, pour cette raison, il appelait *mauvaises gens* [2].

Elle est le point culminant de l'Anjou [3]. Si l'on s'arrête à l'extrémité sud du village, sur la butte du Mignon, on y contemple un des beaux horizons de France. De tous les côtés la plaine s'étend comme un vaste tapis où la verdure des prés se marie à l'or des genêts ou des moissons, striée par de beaux arbres, peuplée de châteaux, sillonnée de blanches routes, dominée çà et là par les tours des moulins à vent et les flèches neuves de plusieurs églises. Au milieu des champs sont quelques pierres druidiques où l'imagination populaire veut reconnaître les traces des sacrifices humains ; au loin, dans le bleu, les clochers d'Angers, les coteaux du Layon et de la Loire, les bords de la Sèvre Nantaise. Ce beau pays est calme et possède un air salubre où la fumée des usines ne ternit pas la lumière du soleil.

D'après des documents certains, Marie était déjà honorée, sur la colline des Gardes, dès le onzième siècle, sous le nom de Notre-Dame-du-Genest, dans une chapelle appar-

---

[1] *Custodiæ*, Les Gardes.

[2] *Mala gens*, d'où le nom des Mauges.

[3] La colline mesure deux cent dix mètres de hauteur au-dessus du niveau de la mer.

tenant à la paroisse de Saint-Georges [1] et dont il ne reste aucun vestige. La légende qui entoure le berceau du pèlerinage actuel n'apparaît que plus tard.

« Sur cette montagne inhabitée, d'un abord assez « fâcheux, surtout en temps d'hiver », couverte de genêts, de buissons, entre en scène une petite bergère et son troupeau.

L'enfant voit chaque jour un de ses bœufs se séparer des autres pour se coucher devant un buisson d'aubépines et, l'œil fixe, lécher doucement un objet caché dans les herbes. Le bœuf ne mange plus, mais, au lieu de maigrir, il est plus beau et plus gras que les autres. Étonnée, un jour elle s'avance vers lui, écarte les herbes et les épines et voit sur la terre une statuette de la Vierge Marie, tenant sur le bras gauche l'Enfant Jésus. Joyeuse, elle l'emporte et court la cacher dans le tiroir de ses vêtements. Toute la nuit elle y pense et, dès le matin, veut la revoir encore. Mais la statue s'est évanouie comme un songe; c'est en vain qu'elle la cherche en pleurant. Retournée au pâturage, elle voit tout à coup le bœuf se coucher devant la même aubépine, elle accourt : la statue est à la place de la veille; et l'enfant, effrayée par ce prodige, va le raconter au curé de Saint-Georges. Celui-ci, n'en voulant croire que ses yeux, revient avec l'enfant, voit le bœuf couché, toujours léchant la petite statue. Il la prend et l'emporte cette fois dans l'église. Mais, le lendemain, elle a disparu de nouveau pour revenir à la même place; et ce miracle se renouvelle plusieurs fois. Qu'en conclure, sinon que Marie veut être honorée dans ce lieu qu'elle s'est choisi?

On y éleva donc un informe édicule où vinrent prier les gens du voisinage. Origine modeste et miraculeuse, dont le double caractère restera la marque distinctive du grand pèlerinage de l'Anjou.

[1] Voir l'*Histoire de Notre-Dame des Gardes*, par le Père Théophile, page 13.

Le bruit de ce miracle s'étant propagé au loin, les pieuses familles accoururent pour vénérer la sainte image, et Marie montra, par un éclatant prodige, combien ce culte lui était agréable :

« Messire Antoine de l'Esperonnière, sieur du Pyneau,
« sieur du lieu, faisant voyage sur mer, vers l'an mil
« quatre cent soixante, son vaisseau fut assailli par les
« barbares, lesquels étant plus forts le prirent d'emblée
« et firent captifs tous ceux qui étaient dans ce navire.
« Le dévot seigneur jeta aussitôt ses yeux mouillés au
« ciel, avec une grande abondance de larmes, promit à
« Dieu que, s'il lui plaisait de le tirer du malheur où il
« était tombé, il ferait bâtir, au lieu le plus éminent de
« toutes ses terres, une chapelle en l'honneur de la Très
« Sainte Vierge Marie, à laquelle il se voua sur l'heure. »

Ayant fait ce vœu, il sentit un sommeil mystérieux et doux lui fermer les paupières, et, quand il se réveilla, il se vit transporté à la porte de son château. O inconstance et oubli ! Croyant son vœu déjà accompli par la présence du petit monument des Gardes, le sieur du Pyneau ne se pressa pas de faire ce qu'il avait promis. Une grave maladie, où la mort lui fit sentir de près ses menaces et éclaira sa conscience, le firent rentrer en lui-même ; il déplora son infidélité, demanda pardon et se mit à l'œuvre.

« Ce fut vers l'an mil quatre cent soixante-cinq que
« notre dévot seigneur commença donc de construire une
« petite chapelle de la longueur et de la largeur de douze
« à quinze pieds environ ; la charpente de laquelle fut
« livrée et posée le quinzième jour d'octobre, qui fut le
« jour de saint Fulgent.

« Or, dans cette chapelle, fut dressé un petit autel,
« et sur icelui fut posée une petite image de la Vierge
« tenant sur le bras droit son petit Jésus, portant un
« sceptre en la main gauche, pour montrer l'empire
« qu'elle a sur le ciel et sur la terre, sur les anges et sur
« les hommes.

« Cette image se voit encore aujourd'hui[1], au milieu
« d'un grand autel, d'une beauté et d'une majesté si gra-
« cieuse qu'elle remplit les cœurs de ceux qui la regardent
« d'une sensible dévotion... Aussitôt il plut à la Mère
« de Dieu de répandre autour de son image une telle
« odeur et un si doux parfum de ses grâces et vertus, et
« rendre ce saint lieu tellement recommandable par les
« prodiges et miracles qu'elle y faisait, que les peuples
« abondaient de toutes parts pour y faire leurs prières,
« présenter leurs requêtes afin d'obtenir de la Mère des
« bontés et des miséricordes le secours en leurs néces-
« sités, de quoi ils n'étaient point refusés ni éconduits.
« En effet, plusieurs malades furent guéris à ses pieds.
« La dévotion s'augmentant tous les jours de plus en
« plus, certains prêtres des lieux voisins furent députés
« et nommés chapelains pour desservir ladite chapelle et
« pour satisfaire la piété des pèlerins, lesquels ne parais-
« saient jamais les mains vides en présence de cette Reine
« des cieux, chargeant son saint autel non seulement des
« vœux de leurs lèvres, mais jetant à ses pieds leurs biens
« et facultés, selon le pouvoir que Dieu leur en avait
« donné, ce qui faisait une telle et si grande abondance
« d'argent et de toutes sortes de commodités que les
« offrandes qui se levaient étaient suffisantes pour entre-
« tenir quantité de prêtres[2]. »
Plaise à Marie d'inspirer la même générosité aux fils
de ces chrétiens !

« Les grandes charités qu'on y recevait obligèrent ceux
« qui en avaient la surintendance d'augmenter et accroître
« ce petit lieu, lequel, comme il était trop anguste et peu
« spacieux, ne pouvait contenir une si grande multitude
« de peuple y venant de tous côtés. Ce que l'on fut
« contraint de faire jusqu'à trois ou quatre fois ; de sorte

---

[1] Avant la Révolution, qui l'a brûlée.
[2] Manuscrit du couvent des Augustins.

« qu'il fallut enfin se résoudre à bâtir une église entière...,
« laquelle est encore trop petite de moitié, non seulement
« aux jours solennels de Notre Seigneur et de sa sainte
« Mère, mais encore aux dimanches et fêtes ordinaires et
« communes [1]. »

De grandes épreuves survinrent à la fin du seizième
siècle : les Huguenots répandus dans le pays saccagèrent
l'église. Cependant, « ni leurs ravages ni l'âpreté du cli-
« mat ne purent arrêter les dévots pèlerins ».

A côté des prêtres chapelains, nous voyons apparaître
les ermites, qui venaient passer une partie de leur vie
auprès du sanctuaire. « En sorte que l'un venant à man-
« quer, un autre lui succédait qui prenait sa place, »
semblables, sans doute, à ces ermites ou *frères,* si nombreux en Provence, où ils gardent les chapelles solitaires
élevées sur des coteaux, vêtus de bure, vivant d'aumônes
et des fruits d'un jardin.

« Le dernier de ces dévots serviteurs de Dieu... fut
« un bonhomme nommé Taillandeau, de la paroisse de
« Meslay. Sa dévotion le porta, après que les guerres
« civiles furent passées, de remettre sur pied les croix
« publiques des carrefours et des grands chemins, qui
« avaient été brisées par les hérétiques, les faisant ériger
« en bois ou en pierres, ainsi qu'elles avaient été
« auparavant. Il fit aussi rebâtir les petits lieux de dévo-
« tion pareillement démolis ou tombés en ruines. Mais il
« affectionna particulièrement notre chapelle des Gardes,
« car non seulement il l'augmenta et amplifia et l'enrichit
« d'ornements, mais il se voua et consacra lui-même,
« dans un certain habit, comme d'ermite, au service de
« la sainte Vierge, et passa un bon nombre d'années en
« ce lieu, étant presque continuellement en prières aux
« pieds de la dévote image [2]. »

---

[1] Manuscrit du couvent des Augustins.
[2] Manuscrit du couvent des Augustins.

III

Au commencement du dix-septième siècle, un des descendants du sieur du Pyneau, suzerain comme lui de la colline des Gardes, appela, pour desservir le pèlerinage, des religieux Augustins et leur bâtit un couvent, auquel les moines ajoutèrent eux-mêmes une grande église, « laquelle fut bâtie au lieu de l'arceau et petite chapelle... « Dans le couvent étaient toujours ving-cinq ou trente « religieux, vivant saintement selon leur profession, « servant Dieu et sa sainte Mère avec fidélité et sensible « piété... Et il s'opéra tant de miracles et effets merveilleux « qu'on ne peut les raconter étant trop fréquents et trop « nombreux ».

Nous n'en citons qu'un seul opéré en faveur d'un jethe forgeron de Vezins, nommé Bernard. Estropié, il se traîna sur deux béquilles jusqu'à l'église de Notre-Dame des Gardes et fit célébrer une messe pour obtenir sa guérison. Ses douleurs étaient si vives, qu'il fut contraint de se coucher sur le pavé du sanctuaire. Mais, à la fin de la messe, les assistants le voient, avec stupéfaction, se lever et aller d'un pas assuré suspendre ses béquilles près de l'autel. Quelques jours après, il revint apporter un beau cierge à Notre-Dame.

Même de loin on saluait la Madone : le paysan, de quelque lieu qu'il aperçût son Église, se découvrait ; pas un laboureur ne quittait son champ sans lui adresser pieusement un *Ave Maria*.

IV

Comme un volcan ouvre son cratère au sommet d'une haute montagne d'où il fait jaillir et pleuvoir la lave brûlante qui répand au loin l'incendie, ainsi les passions impies de la Révolution vomissent leurs fureurs du sommet de la colline des Gardes, semant la terreur dans toute la plaine. C'était un lieu stratégique. Les hordes venues de Cholet envahirent l'église, volèrent les vases sacrés, firent main basse sur le riche mobilier dont on chargea plusieurs charrettes [1]. On chassa du couvent les religieux Augustins ou on les massacra, et on vendit leurs meubles ; les habitants, effrayés, pleurèrent en voyant les dernières souches du buisson trois fois séculaire se dessécher et mourir. Enfin, le treize mars mil sept cent quatre-vingt-quatorze, on alluma dans l'église le feu de l'incendie. « Il y avait un champ de genêts, disait un « vieillard, j'étais monté dedans et je voyais les flammes « qui brûlaient l'église dont il ne reste plus que des « masures. » La statue miraculeuse fut elle-même la proie des flammes et sur ces cendres maudites un prêtre intrus fut installé.

Les mains des habitants des Gardes sont pures de ces horreurs. A peine un peu de tranquillité leur fut-elle rendue que, dans un élan de foi, ils réunissent leurs pauvres ressources pour rebâtir l'église de leur Madone bien-aimée.

« Ces bonnes gens, mandés à la Préfecture, s'y pré-« sentent sans crainte pour leurs méfaits. On leur dit :

[1] Il y avait des ex-voto de grand prix, des mains d'argent massif, les robes de soie de Notre-Dame, des chandeliers, des ornements et des tableaux.

« Que voulez-vous faire aux Gardes ? Qui vous a
« autorisés ? — Messieurs, répondent-ils, nous avons
« acheté notre église, elle est à nous, nous voulons la
« réparer parce qu'elle tombe en ruine. — Ça vous
« coûtera cher, vous êtes de pauvres gens. — Peut-
« être bien, mais nous ne demandons rien : la Provi-
« dence est grande, elle suffira à tout ; nous vous prions
« seulement de nous laisser la liberté de rebâtir notre
« église[1]. » Et ils l'obtinrent par cette attitude coura-
geuse.

V

Les grandes épreuves sont passées ; les eaux sanglantes
du déluge ont décru et Dieu envoie à son arche la colombe
portant le rameau d'olivier. Elle est venue se reposer sur
la colline sous la forme de ces religieuses de la Trappe,
dont la prière incessante chante les gloires de Marie, qui
a remis son beau culte en leurs mains pures de tous les
soins temporels. Fidèles à leur poste d'honneur, elles
aiment de toutes les forces de leur cœur virginal cette
Reine dont elles forment le pieux cortège. Mais combien
sont tristes leurs regards, lorsque, après avoir admiré sur
sa tête vénérée un diadème resplendissant de richesse et
de beauté, elles voient les murailles et le toit qui l'abritent
près de s'écrouler !

Pour conjurer le désastre, secondées par le zèle de leur
aumônier, le Père Théophile, de sainte mémoire, elles ont
engagé les dernières ressources de leur pauvreté.

Le plan d'une église nouvelle, qui fera honneur à la foi
angevine, a été adopté par leur évêque et leurs supérieurs :
de hautes voûtes porteront vers le ciel l'âme et les prières

[1] Mémoires d'un habitant des Gardes

des pèlerins ; une tour monumentale élèvera dans les airs l'image de Marie, trône sublime, dominant tous les horizons de l'Anjou, d'où elle bénira les champs, les bourgs et les villes.

Déjà les colonnes et les murailles du chœur sont sorties de terre, mais on a dû s'arrêter faute d'argent ; les constructions commencées, semblables à des ruines récentes, sont déjà dégradées par les pluies de l'hiver.

Pauvres Sœurs du Monastère, que cette triste vue désole, puissent les offrandes de vos familles, protégées auprès de Dieu par l'immolation de votre vie, sécher vos larmes qui ne cessent de couler !

VI

Catholiques de l'Anjou !

La France du dix-neuvième siècle entoure de gloire le culte de la Vierge Marie. La basilique de Notre-Dame de Lourdes a surgi comme par enchantement aux yeux ravis des pèlerins ; la riche église de Fourvière domine de sa majesté la ville de Lyon ; les âpres sommets des Hautes-Alpes portent les monuments de Notre-Dame de la Salette, Lille a bâti l'immense église de Notre-Dame-de-la-Treille, Issoudun, Pontmain, et tant d'autres lieux ont élevé à sa gloire d'admirables chapelles. Vous êtes la province la plus pieuse de la France, qui est le royaume de Marie, mais l'état lamentable de votre sanctuaire angevin le met au-dessous de tous les autres ! Cependant vos aumônes ont couvert les campagnes voisines des Gardes d'églises belles et vastes comme des cathédrales. Faites plus encore pour ce pèlerinage confié à la charité de tout le diocèce d'Angers, et dont les bienfaiteurs sont bénis d'avance par le Souverain Pontife et votre pieux évêque.

Donnez à Notre-Dame des Gardes ! Donnez, vous que de nobles traditions de famille ont faits les promoteurs des œuvres de Dieu dans ce pays ; vous qui possédez ces riches plaines que Marie bénira ; vous, pauvres, dont l'aumône lui est si chère. Donnez tous ! Les fêtes de son couronnement vous ont laissé de chers souvenirs ; préparez-en d'aussi magnifiques pour l'inauguration de sa nouvelle église.

Catholiques de France ! Souvenez-vous que la dévotion à Marie est héréditaire chez nous. Marchez sur les traces de vos pères. Nous avons un si pressant besoin de l'assistance de Marie ! Méritons-la par notre générosité. Les noms des souscripteurs seront pieusement conservés et des prières seront faites tous les jours à leurs intentions. Hâtons l'heure bénie où nous pourrons offrir à la Reine du Ciel ce nouvel *ex-voto*, monument de notre piété filiale, de notre amour et de nos espérances. Et quand elle sonnera, le successeur de Mgr Freppel sur le siège d'Angers, héritier de sa piété envers Marie, en plaçant sur un trône digne d'elle la statue souriante, lui dira : « O Mère, cette église est l'œuvre de tous vos enfants ! »

Angers, Imp. Germain et G. Grassin. — 883-97.